춤명상

춤명상

이정현 시집

月刊文學 출판부

춤 명상

이 정 현

춤을 추면 내 몸에서 웃음이 나
시간 허리춤에 누운 나른함조차
소리 없이 사라져버려
침묵 새겨 넣듯 가부좌 틀고
눈 속의 눈 깊어질 때
은사시나무 햇살 접고 일어서
노래 바람으로 춤을 춰봐
주름지고 생각 마디마디 펴올려
흔들어 보는 거기
자꾸 내 몸에서 웃음이 나
함박웃음이 쏟아져 내려

기해년 이른 여름날에
이정현 시인의 시집 출간을
축하하여 청담 삼가 쓰다

La danse méditative

Quand je danse, mon corps rit
Même le someil posé sur la hanche du temps
disparaît sans aucun bruit
je m'assois en lotus, gravant la silence dans ma tête
Lors que l'âme s'épanouit dans les yeux
je m'appuye sur le rayon d'un populus
je danse au rythme du vent
en déplissant toutes les idées ridées
je me secoue
mon corps ne cesse de rire
C'est un grand rire qui tombe

Poème de Lee Jeong-hyun
traduit par Sim Jeong-in

| 시인의 말 |

죽지 않고 한 생에 두 번 태어날 수 있을까.

인도여행 중에 생일을 맞게 되는 행운을 얻었다면 그럴 수 있으리라.

나는 순간순간 조각달에 베인 언어들과 춤을 추기 시작했다
기쁘게 흔들리는 들숨과 날숨에 온몸을 맡기고
그 흔들림 사이로 떨군 시
서둘러 주워 담았다.

2019년 7월
이정현

차례

래핑클럽 2

시인의 모자 3

사랑은 어느 날 벼락처럼 온다 4

1

나는 고래가 되고 싶다

빅토리아연꽃

칠월의 빅토리아연꽃
빛났던 날들 끌어안고 물속으로 잠기어
빨간 주검 속 바람 하늘로 치솟는다

밤을 불사른 빅토리아연꽃의 눈매가 깊다
스펙트럼 같은 짧은 생
사라지는 것들의 마지막 인사를 받는다

빅토리아연꽃
그 곁에서 그네를 탄다

흔들거리는 별꽃처럼
시간 속에 바람이 길다.

파도 무지개

바람 든 파도
여인 바다 살결이 치대고 있다

그 해풍의 품 안으로
여린 듯 여리지 않게
잔모래 흐느적거리는
신음소리
하얀 웃음으로 부비듯 엉킨다

저처럼 뜨거웠던 나의 웃음소리
바다 거품 엎드릴 때마다
달착거리는데

푸른 침대 위에서
출렁거리는 사랑 한나절

파도 무지개.

가시고기

가시고기가 깊은 강물 속
돌 허리 밑에 물었던 말 뱉는다

뱉자마자 떠오르는 말
자음의 뼈와 살 발라져
형체조차 보이지 않는다

강 위아래로
팔딱거리며 올라오는 말 머리가 보인다

가시고기가 물어뜯은
말의 생사
이제 잊은 지 오래다.

나는 고래가 되고 싶다

누군가에게 나는 고래이고 싶다

그대의 숨구멍으로 푸른 꿈 분출하는
그대의 고래이고 싶다

서로의 등을
보듬어주는 우리

들리지 않니
새벽 산주름 이끌고

검푸른 바닥으로
물살 일으키는 소리

귀 기울여 봐
용트림하는
우리들의 바다
나는 누군가에게 고래이고 싶다.

마고 거북이

마고麻姑의 힘에 이끌려
까만 육지로 기어 나왔다

무거운 등에 매달린
하루를 천년의 숨으로
밀어내던 어느 날

사천 비토섬을 향해
몸을 돌리다 그만 뒤집히고 말았다

물구나무설 수도 없고
혼자서 발버둥쳐야 한다

버리고 싶었던
등이
그의 중심이었다.

가을날 고추잠자리

오후 다섯 시와 여섯 시
분꽃이 까만 씨를 떨군다

물들여야 까매지는 머리 묶고
곰삭여진 속 휘저어 빨간 피 데운다

분꽃 옆, 봉숭아 꽃잎 찧어
달빛 조각에 물들여 반짝이던
웃음의 악보 한 소절처럼 지나가고

황금의 시간 기울어갈수록
뿜어내는 영혼의 향기

떠나든 머물든
다시 솟구쳐 오르는 고추잠자리.

밤바다 놀이

바다
눈물이 밀려와

그 눈물
자꾸만 밀려와
가슴 밑바닥
출렁이다 눕는다

처음이 아니다
헤어지자는 말
자꾸 밀려오고

투정이 끝나듯
수평선처럼
입술 고요해지면

그땐 흰 파도
달빛에 춤추는
개구쟁이가 된다.

여름 휘파람새

나는 풀잎을 노래하며 기타를 친다네

나는 나팔꽃 웃음 자락 펄럭이며
여름 소나기 지나가는 일은 생각지 않는다네

삐 후루룩 후

머리 위로
여름을 긋는 휘파람새 소리

금이 간 내 상처 아무는 소리

그 새소리 이끈 햇살 손잡고
나 빙그르르 춤춘다네.

이슬 그림자

아침별 돋기 전

풀잎에 물의 집을 짓는다

일 그램도 안 될 천 냥의 무게

풀잎 위에 파닥이는 햇살에 놀라

아무 말도 못하고 서둘러 떠나간

이슬의 그림자.

사월의 눈

사월에 눈이 내린다
천연덕스럽게 봄을 덮는다

꽃 위에 눈
눈 속에 꽃

웃음 위에 매달린 슬픔 한 자락
상처 속에 웃자라는 햇살처럼

사월이 전해주는 천연색 목소리.

꽃들의 만찬

프리지어 향내 나는 거리에서
스타카토로 걷다 싸락비를 만난다

봄의 비는 꽃들의 만찬 같아서
나도 온몸으로 한때를 즐기다가
움푹 파인 웅덩이를 본다

그곳에
숨통 조이듯 목울대를 흔드는
막말 같은 빗물이 고여
때마침 그곳을 지나는 사람들 가슴에
구멍을 낸다

마른 귓바퀴로 흘러드는 젖은 노래
미처 펴들지 못한 우산 꼭 잡고 흥얼거리다

저기 눈썹을 닫은 채 절뚝거리며 오는
그대 상처 입은 영혼일지라도 기댈 수 있다면

눈물의 김 모락모락 체온으로 데워
저 스스로 마를 때까지
그렁그렁 울먹이다 그냥 젖기로 한다.

첫눈 소나타

지상에 한 소절씩 쌓이는

시어들의 꽃잎

바람의 악보

숨겨둔 악기들이 하나씩 펼치는 소나타.

시간의 정원*

백제의 숨소리

천 년의 낙엽과도 같은 마른 침전지

꽃과 나무들 관음보살의 미소처럼 피어난다

태초의 신비를 초록으로 일군다

바람조차 파란 정원의 안과 밖

저 꽃물 든 초침 소리

영등포의 선유도로 잇댄 마음

시간을 잊은 듯 펼쳐진다.

* 영등포 선유도 공원 내에 있는 정원.

거미 시인

메타세쿼이아 숲길을 걷다가
단풍나무 가지에 걸린 시詩를 보았다

빛나는 팔등신의 시,
햇빛과 반짝이며 노는 거미 시인
시인은 아직 아무도 나타나지 않은 고요와
한 치의 양보 없이 대치 중이다

이윽고,
침묵이 주검처럼 왕성해지자
파리와 나방이들이 시어를 물고 요동을 친다

목구멍에 침묵을 삼키고
허공에 잇댄 저 예술혼에 경배하듯
나의 기다림도 줄 대어 기다리는데

이윽고 거미가 나타난다
흔들리는 거미줄
시인은 이제 촘촘히 배부르겠다.

달 따다 주는 남자

사랑이 달아날까
항아리 품에 가둔다
사랑에 목마를까
가득가득 물을 채운다

달빛 얼굴
종이배를 띄운나

지난날의 빗금들
달콤한 입술로
다독여 뉘인 밤

물끄러미 바라 본
까만 원 안으로
누가 따온 걸까
달이 차오른다.

덕진호수 연꽃

관음보살 미소처럼
호수 위로 피어오른 연꽃들

그 이파리 사이사이로 묻어나는
발그레한 연정

천 년 물길
가슴속 이야길랑은
하늘 속 널따란 잎에
돌돌 말아요

임이여!
차마
애틋하다고 말하지 못한
아름다운 죄

그 은은한 빛

오늘

덕진호수
천 개의 손
천 개의 눈으로
연꽃을 감싸 안으리.

장생포 가는 길

해무 휘감은
바다 위에
마음을 널어본다

모래바람 가슴에 이는
장승포 가는 길

꼬독꼬독 말라가는
첫사랑의
입맞춤

갈매기 날갯죽지 속으로
만선의 웃음소리 흐드러지고

다시 새벽이 오면
영원히 늙지 않는
장승포 가는 길

숨소리
푸르다.

2

래핑클럽

춤 명상

춤을 추면 내 몸에서 웃음이 나

시간 허리춤에 누운 나른함조차

소리 없이 사라져버려

침묵 새겨 넣듯 가부좌 틀고

눈 속의 눈 깊어질 때

은사시나무 햇살 짚고 일어서

노래 바람으로 춤을 춰봐

주름진 생각 마디마디 펴올려

흔들어 보는 거지

자꾸 내 몸에서 웃음이 나

함박웃음이 쏟아져 내려.

바다의 명상

내 안에 둥근 호수 있다길래
푸른빛의 심장을 따라
심장이 태어난 바다로 들어간다

바다 속에서는 아무도 보이지 않는다
돌돔, 볼락, 노래미도 보이지 않는다
곰피, 망태도 보이지 않는다

바다의 숲 자리에
하얀 말들만 거품으로 일어나
성난 파도를 할퀴며 눈알까지 빨개진다

바라보는 바다 푸르듯이
마음의 바다 푸를 수 있게
이 아침 아랫배로 숨 들이마시고 내쉰다

눈 뜨자

수평선 저 너머
내 안의 둥근 호수를 본다.

강화 뜸쑥

서해 햇살에 익은

강화 뜸쑥 말아

다보향을 사른다

관음보살 부르며

일념의 손끝에 피어나는 쑥향으로

육신의 고통 삼마지三摩地에 들기를

스스로 받아 키운

무명無明이 사라질 때까지

사르고 또 사른다

강화 뜸쑥

나의 염원 말아쥐고

연기로 제 일생을 지운다.

래핑클럽*

요가를 하다가
둥글게 원을 그려
한 잎 한 잎 꽃잎으로
해바라기 얼굴꽃을 만든다

셋
두울
하나 소리와 함께

하하하 하하하 하하하……

아무 일 없이 웃어대는 깔깔웃음에
해바라기잎들이 점점 환해지더니
일순간
꽃들의 환호성

다시
열린 입술을 닫고
숨 들이마시고 내쉬고

우리들 꽃잎의 온도
붉다.

* 전통요가와 웃음을 접목시킨 것.

공空의 소리

하늘 시계가 멎었다

황사에 가려

초침도 죽었다

나의 소리는

오후 두 시

묵언 한 두 줄 그으면

공空의 소리.

살별

내 영혼
벌거벗고
두 팔 휘적거리다

먼지 되어
어둠을 끌어안고
빛으로 춤춥니다

우주 속으로 걸어와
태양의 숨결 앞에
내민 입술

긴 여운
화살처럼 사라진
첫사랑보다 뜨겁습니다.

고양이 요가

고양이가 요가를 한다

어제의 일상이 그리워
낭창낭창 오르내리던 허리 줄기에
신성한 약초를 달여 마시듯

숨에 맞추어
허리를 구부리며 하나
펴올리며 두울
리듬으로 몰입한다

이완의 종소리 들릴 때까지
가냘픈 허리 물결치며
야옹야옹한다.

죽음 카페

신이 허락한다면
S는 어느 계절에서 떠나고 싶나요?
가을날 햇살 따스한 정오가 좋겠어요

그럼, B는요?
혼자 봄 길을 걷다 노을이 질 때 따라가고 싶어요

K, 당신이 상상하는 사후는요?
텅 빈 하늘정원이라 생각해요
침묵으로 영원히 잠든 종달새처럼 말이죠

신이 허락한다면
몇 살까지 살고 싶나요?
신이 보고 싶을 때까지요

화요일, 이곳을 찾은 사람들 모두다
사라지는 시간
죽음 카페에서 온종일 죽음을 마시다가
죽음을 죽인다.

이 뭣고

얼음장처럼 두터운 카르마

묵언 수행자 그림자를 따르는 행자처럼
침묵하는 혀, 물끄러미 올려다본다

하루는 한숨
또 하루는 인연의 거미줄

성글다 나무랄 수만은 없어
돈오돈수의 길 찾는다

이 뭣고!

나의 부처에게
열두 가지 바람 내려놓기까지
심장에 1캐럿쯤의 불덩이 살았을 거다

이제
침묵이 주는 즐거움 알았지만

그래도 내가 소낙비를 좋아하는 이유
부처는 다 아실 얘기지.

라다와 크리슈나

크리슈나, 제 가슴에 유채꽃이 피었어요
당신의 피리 소리에 꽃들이 흔들거려요

라다, 흔들리거든 일어나 춤을 추시오
나의 리듬으로 당신의 영혼을 밝혀요

크리슈나, 나에게 사랑을 퍼부어요
임맥이 풀어지도록 밤을 밝혀요

라다, 사탕을 주시오
라다, 하얀 눈을 새하얗게 빨아주시오

짓궂은 크리슈나여
사탕을 드리지요
날리는 눈을 붙잡아 새하얗게 바치겠어요

라다, 나의 영혼이여
크리슈나, 나의 목동이여

이제
사랑 떼를 몰았으니 눈을 감아요
소 떼들은 풀을 뜯다 잠들었고
바람은 하늘을 물다 지쳤으니

우리의 마음처럼
풀의 살결은 부드러워요.

카나리아의 말

나 처음부터 노래를 알았어요

햇살, 바람, 강물의 리듬에 맞춰 춤도 알았지요

시인, 프로스트가 가지 않은 길을
걸어가듯 가슴의 멍
노래와 춤으로 달랬어요

엉겅퀴로 긁힌 마음 조각보에
노래의 꽃을 수놓았어요

그 꽃 노래
한 이틀이나, 길게 보름밤 다독이면
시가 되지요

마음의 눈으로 부르는
춤의 노래가 되지요.

바람차

언젠가 스쳤을 장미, 수레국화, 아카시아꽃들
모두 한 계절 풍미했을 꽃들에게 예의를 갖춰
말린 꽃잎 서너 송이 넣고 바람을 부른다

꽃바람을 안으로 들여
투명한 유리 주전자 속에 넣고 팔팔 끓인다

바람이 끓는 소리가 거짓말하듯 조용하다

사월의 708호 베란다 창가에
물오른 젖가슴을 하얗게 드러낸 채 달려온
바람 한 줄기 찻잔에 묻는다

코끝에서 가슴 언저리까지
바람의 향 내려 닿는다

순간
나의 시어가 부풀어 오른다.

춘향이 노래

서방님
봄이 피고 또 피고, 지고 또 지네요

한 번의 사랑일진대, 서럽지도 붉지도 않다면 지리산 철쭉이 아니지요

달나라 미인 항아보다 더 어여쁘다 하셨지요, 고웁다 하셨지요
내 사랑이라 하셨지요

서방님 눈에 소녀를 담고 봄 향기로 물들었던 오작교 허리
웃음의 바람자락에 속울음비 채워
서방님 계실 한양 쪽으로 뿌려요

서방님
광한루에 물이 한껏 오른 배롱나무꽃 향기
이별의 안깃에 깊숙이 묻었지요

지금

소녀의 봄 향기는 시들은 철쭉 되었지만
달님도 놀랄 고운 살결이 임 찾듯

올까부다 내일은
우리 시방님 올까부다
저렇게 달이 둥근 걸 보면
반월의 생이별 몸 풀듯
가붓하게
내일은 올까부다.

혼자말

사산은 해봤니

가장 친한 친구 죽어 봤니

소낙비 맞으며 길 위로 쓰러져봤니

미친 듯 춤은 춰 봤니.

폭격

내 마음의 종이 비행기
무료한 한낮을 날다가 폭탄을 터뜨린다

상처 난 가슴에 녹이 나는 살풍경
지우고 싶은 시간 붙들어다 씻기고 문지른다

어디서 들려오나
라흐마니노프의 교향시 '죽음의 섬'

폐허 속 멈춘 시간에 적멸의 소리 들린다

옴

샨티 샨티.

3
시인의 모자

스카이 블루

—발랄과 노래의 파랑_칸딘스키의 〈스카이 블루〉

파랑 속을 날아다니는 칸딘스키의 스카이 블루를 본다
심장이 콩콩거리고 두 발도 발랄한 노래 같은 그림을 본다

자유의 색, 파리의 파랑이 색을 입고 밖으로 튀어나온다

순수하고 창의적인 파랑, 그 파랑에서 동심을 본다
하늘을 올려다본다

닫힌 곳 없는 하늘 저편에서 불안이 달려올 때
눈으로 듣고, 귀로 보고, 코로 느끼며
고개를 한껏 뒤로 젖혀 파랑 하늘물을 담는다

주루룩 흘러내린 파랑의 붓으로
죽은 자의 반짝거리는 눈을 그리고
하늘 속 거북이며 새우들이 노니는
파랑의 발랄함을 본다.

별종

그대의 질투는 날카로워

고독 속에 함몰되더라도

결코 우호적일 수 없는

그대는

청정 지구인.

형용사를 가진 여자

7시 15분,
햇살에 빛나는 사과의 오른쪽 뺨으로 아침이 걸어온다

헤스페르데스가 정원에서 싱싱하게 옮겨온 황금빛 사과가
원형의 식탁 위에서 옷을 벗는다

커튼을 젖히고 창문을 연다
바람이 들어와 빈 접시에 앉는다

눈빛 촉촉한 하얀 속살이 미끄러지듯
바람 위에 눕는다

블랙커피와 재기발랄한 포도송이의 눈인사
아침을
한 입 베어 문다

입속에서 그녀는 형용사가 되어 말캉거리고
가슴을 밀어 올리듯 시선을 끈다

풋풋함을 끌어당긴
이 아침의 처녀향
그 여자를 삼킨다.

바람이 분다

늦은 오후 금병산 참나무 우듬지 위에 첫 바람이 분다
한나절 내내 모로 세로로 까치발을 세워도
꿈쩍 않던 참나무가 흔들린다

바람의 숨결이 닿자 참나무는 열 개의 손 파닥이더니
허공으로 튀어 올라 학이 된다
강을 건너고 바다에 이르러 푸른 물빛 속으로 손을 뻗는다
학의 날개로 뿌리는 물줄기
금병산의 참나무 발밑까지 푸른빛 시원하다

바다 바람이 내 얼굴에 스친다
격렬히 일어서는 시詩바람의 탑 놀이
그 바람의 탑

학이 된 금병산 참나무 열 개의 손은
바다를 흔든다

그 흔들림은 누구일까.

주홍의 계절

밤하늘에서 사라진 붉은 별들이
열어진 내 눈썹 아래 얼굴로 쏟아져 내려 콩 튀듯 튄다

온종일 해를 받아 낸 듯 불그스레한 얼굴이 되어
손 달력을 펴보니 주홍의 계절이다

아무도 몰래
초경을 기다리며 올렸던
간절한 기도

그 푸르던 하늘이
완경*의 하늘
여름 자락 끝에서 울먹인다

단풍이 오기 전
탁!
져내고 싶은
우울 한 소절.

* 완경: 여성의 월경을 완성한다는 뜻.

먼지의 귀

가벼운 것들은 다 쓸쓸해요

가령 칼끝에 놓인 웃음이라든지
그 웃음 위에 떨리는
먼지의 귀가 그래요

허공에 떠 있는 것들은
눈물조차 가벼워요

가슴까지 닿아도 짜지 않은
먼지의 입이 그래요

가벼움을 잘게 베어 물다
더이상 쪼개질 수 없음을 알고
아~
티끌에 묻힐 것이 무어예요

이제
떨림조차 살만해져

환한 웃음으로 나에게 불을 지펴요

가벼움을 저민
저 허공 끝, 먼지
먼지의 귀.

도깨비 만나던 날

하늘 선녀 지상에 내려와
지상의 혀뿌리에 자꾸 채어 넘어진다

옥황상제 말하길
지상에서 공부거리 많다더니
마음 틀어져버리는 일 일쑤여서

눈꺼풀도 춤을 춘다

혜화동으로 간다
그곳에 사는 도깨비를 만나 물어야겠다

묻기도 전
도깨비의 방망이 뿔로 한 대 맞았다

방망이 뿔 제대로 맞았는지
더 엉켜버린 마음
아예 묶어 올리니
세상이 고웁다.

여름 끝

비 내리는 날에는
내 몸에서
푸른 시간이 조금씩 빠져나간다
빈집에 빗소리만 가득 들여놓는다

그 빗소리를 타고 부채 부치는 소리 들려온다
알 수 없는
여름 끝자락에서 뿜는 열기
보고픈 이 없이도
자꾸 두근거리는 시계 초침이다

나의 초침 여름 끝에서
잇몸이 시리도록
붉은 계절을 건너고 있다

느림과 빠름의 계절
맞이하고 보내는
내 몸의 푸른 시간,
여름 끝자락.

호미도 새가 되어 날아간다

내 시골집 봉당에 쓰러져 자는
생의 한 자루 추억을 부른다

그 부름 소리 듣고서
호미는 새가 되어 날아와 내 집 창가에 앉는다
여전히 꼬부랑 허리 그대로지만
호밋자루에 달려온 추억의 껍질을 벗긴다
고추밭 풀 매다 내동댕이쳐지고
왕개미 허리 끊어내던
나의 소행들은 잊어버렸나 보다

냉이 캐던 여덟 살 소녀의 웃음과
냇가로 들로 소쿠리에 얹혀
달싹거리던 추억만 담고서
호미가 새처럼 창가에서 종알거린다

나도 새가 되어 날아간다
둑실마을 시골집 봉당으로
생의 한 자루 추억을 쥐고서.

시인의 모자

영혼이 담긴 숨결

장미나무 파이프에서 떠오르는 연기

그 먼 시인의 전설처럼

고독하지 않게

삐딱하게

꾹

가을은 모자를 눌러 쓴다.

원피스를 만드는 아침

투명한 탁자 위에 연신 흩어지는 천 조각들을
붙잡아 놓는다

위 아래 갈라짐 없는
하나를 위하여
아침부터 무릎 나절까지
손을 움직인다

저 환한 햇살에 비친
만 갈래의 속살

푸르게 푸르게
하나가 되는 자연.

모노리텐* 앞에서

오슬로의 하늘
욕망의 날것들이 불기둥으로 타오르네

비릿한 비애로 들썩이네
여린 살점 위로 누르는 피돌기

엉켜버린 힘줄에 대해

나,
뒤로 젖힌 고개를 접듯
의문의 밧줄 끊으려 하네

내가 선善하지 않듯
이 세상도 선善하지 않다는 사실을
알아버렸기에.

* 노르웨이 오슬로시 비겔란조각공원에 위치한
높이 17m의 화강암에 조각된 121명의 남녀상.

탈

숨기지 못하고 살아가는 일은
휘지 않고 서는 대나무처럼
꽃피우기 힘들다
속 빈 대나무로 천진하게 눈 뜨고 감는 하루는
총알 없이 삶터로 나서는 일
일찍부터 흉통만 키우는 일이다
"숨겨야지"
하지만
·
·
·
하루해 저물기도 전에
네게
마디마디 꺾어 바치는
솔직도
탈이라면 탈.

빈센트 반 고흐의 비 오는 날

비 오는 날

나는 고흐의 귀를 생각한다

비보다 먼저 열리는 귀

귀에서 쏟아져 나오는 소리의 비

그리고

가슴이 젖어 들고

이내

그리움의 바다에서 혼자 첨벙거리는 귀.

단조, 그 너머에는

쇠가 녹는다

튀는 불 이글거리며
들끓어 아우성치는 소리

땅속에 숨었더라도
환희의 울력으로
순금의 빛이 되었으리

어차피 지옥행이다

죽음을 앞당겨 거친 숨 몰다
날숨으로 사르르 풀어져 쇳물이 된다

쇳물을 받아쥐고 노글노글해진 횡격막을 쭉 편다

뼛속까지 가라앉은 사유를 길어올린다

죽음 직전에 새로 거머쥔 시인의 생.

4
사랑은 어느 날 벼락처럼 온다

나팔꽃 레푸기움*

가지빛
순무빛, 분홍빛 봉오리를 펼치는 이른 새벽

봄으로 창틀에 묶어두었던 하얀 띠를 휘감고
기어오르는 나팔꽃

창틀 하얀 띠는 닿고 싶었던 엄마의 손길
휘감겨 올라타고 싶은 아버지의 목덜미
팔짱 낀 보라, 흰분홍빛의 응석대입니다

매운 바람이라도 불면 더욱 매달리고 싶은 나팔꽃

더위를 달군 여름날 아름다운 소명을 위해
피고 지고 다시 피우는
창틀 하얀 띠는 나팔꽃의 레푸기움입니다.

* 레푸기움 : 라틴어로 휴식처, 안식처.

낮달 가족

가벼운 몸짓은 아버지의 것이다

반짝이는 호기심은 어머니의 것이다

나의 가벼움과 호기심 말고도
예리하게 받아 쥔 상처와 멍은 내 것이다

아침 산책길
발길 멈추고 하늘을 올려 보다가
허공에 박혀 있는 하얀 낮달을 만난다

저 하현달은 어머니다
나의 발을 딛게 하는 빛은 아버지다

하얀 분칠하고 해를 따라나선 낮달

내 정수리 위에 아버지 어머니
따끈히게 건너와 있다.

르네 마그리트의 겨울비

오늘 아침엔 서서 밥을 먹는다

비도 서서 내리고
수직으로 젖은 추억이
목구멍을 관통한다

비는 자꾸 내리고
마르지 않은 추억만이
비워 낸 밥그릇에
흥건하다

겨울 하늘에서 줄지어 내려오는
르네 마그리트의 겨울비

비에 젖은 내 몸.

사랑은 어느 날 벼락처럼 온다

긴 구름 꺾어

빗소리 쩌릿쩌릿
바람으로 치대는 숲

비켜서도

숨어들어도

사랑은 어느 날 벼락처럼 온다.

그녀만의 사랑법

나팔꽃이 배추흰나비에게
틈만 나면 입 벌리고
꿀이 흐르는 밀어를 속삭인다

가까이 가 귀 기울이니

하지 마, 하지 마, 하지 마,

비타민이라며
몸살나게 떠먹이는

나팔꽃 잔소리.

아시죠

나 힘들 때 하늘 보고 말하지

“아시죠?”

나 외로울 때 땅 보고 말하지

“아시죠!”

어머니의 전화

발등에 깁스를 하고
방에 담긴 지 한 달째

어머니의 목소리
떨리는 당신의 사랑이
제 심연深淵으로 닿았습니다

따뜻했던 자궁 안의 애기처럼

"사랑한다, 우리 딸 사랑해!"

어머니의 신비로운 언어는
별꽃이 펼쳐지듯
가슴을 타고 흐릅니다

유년의 윗목까지 따뜻해져옵니다.

바다에서 만난 달의 길

후쿠오카 밤바다에 길이 났네

달빛이 내어준 노오란 바닷길

여든 노모와 아비 손 잡고 바라보는 달길

밤바다 울럭울럭 뭍이 그리운 듯

달빛 끝자락 물고 황혼 길 여네

모난 말 둥글게 받는 저 달처럼

휘영청 따라 걷네

어머니의 딸들.

달개비

그대 파릇한 꽃잎은
나의 유년기

내 아이가
물오른 아가씨 되었지만

나는 그대의 청초함에 놀라는
여린 시간 속에 머물러 있습니다

생生의 레가토처럼
보드랍게 아침을 여는 당신

그대의 마디마디에
나의 추억 바르고 또 덧발라

몇백 년의 햇살에도
시들지 않는 바람처럼

그렇게 살아 보고 싶습니다.

사랑의 알고리즘*

한눈에 전생의 인연인 줄 알았다
고전의 애답던 한 구절의 인연임을 알았다

천의 주파로 홀로 진동하던 쓸쓸함 곁에
또 홀로 춤추던 절뚝거리는 가슴이 닿아
잔잔한 동그라미 물파동을 일으킨다

곱다, 맑다, 예쁘다
온갖 고운 말로 흔들어주는 입이 아니더라도
너는 상처를 거머쥔 또 다른 나이기에
이제 시간을 부려
낮밤없이 기쁘게 껴안아야 한다

세상에 둘만 살아가는 것처럼 하고
노래하고 춤추면서

너와 나
우리라는 하늘 아래 누워
생을 뒹구는 일만 남았음을
나는 진즉부터 알았다.

* 어떠한 주어진 문제를 풀기 위한 절차나 방법.

가위

언제부터인가 탁자 밑에서 가위가 나를 노려보고 있다

입을 쩍 벌린 채 양 이빨이 허공을 물어뜯고 있다

얼마나 많이 자르고 삼키었는지 간간이 신음소리가 난다

나는 그 소리를 듣는다

나도 한때 거슬리는 것들 씹고 자르다 흔들거리는 인연 뽑아버렸다

그리고 그곳에 나사못을 박아 틀어쥐었다

저 가위의 신음소리 점점 세진다

나는 조용히 가위의 사북을 풀었다.

집밥

허름한 오후 때를 놓쳐 꼬르륵 소리 난다

'집밥 드립니다'

식당 안에는
엄마 같은 이모와
오빠 같은 삼촌이 분주히 돌아다닌다

삼촌에게 순두부 하나 시켜놓고
가마솥에서 끓던 추억 떠올려본다

맷돌에 갈아 끓인 콩물에 간수 넣으면
몽글몽글 응고되던 하얀 순두부

이모와 삼촌 사이를 비집고
한 숟갈에 딸려오는 엄마의 음성

"언능 먹어라 식겄다."

하룻밤 골방

마음이 묶인 1.5평

구부려 눕다가 앉았다가

서서 두어 걸음의 뜰 안

새벽을 머리에 이고

가체* 드리운 채

산골 궁궐에 갇힌

시리도록 서러운

유정有情한 하룻밤.

* 가체 : 머리숱이 많아 보이게 덧드리는 다른 머리.

낮술

구겨진 하루

그 하루의 반을 접어

낮술을 한다

독주

온몸으로 퍼져

천둥 울음

겨울 지난

봄의 거리

울음으로 부서진다.

사랑꽃

뿌리칠 수 없는

꽃망울에

꽃에게 걸어간다

몇 번의 도리질과

붉은 회초리로

바람 후려치지만

꽃향기에 기대어

푸른 응달

벼락으로 날려 보내듯

첫눈 같은 하루에

출렁이는 하늘 가슴.

| 해설 |

터득, 그리고 언어 미학

| 작품해설 |

터득, 그리고 언어 미학

윤석산尹錫山

(시인)

1

시란 무엇인가? 시에 관하여 많은 시인이나 문학이론가들이 이야기하고, 또 나름의 정의를 내리기도 하였다. 그러나 이 시에 관한 정의는 마치 '사람이란 무엇인가.'를 논의하는 것과도 같이 그 시각이나 견해에 따라 천태만상의 대답들이 나오는 것이 사실이다.

이러한 '시란 무엇인가.'에 관하여, 지금은 종간이 되어 나오지는 않지만, 한 때 왕성한 시적 이슈를 만들어내며 발간이 되던 계간 『시인세계』에서 한국의 시인 44인에게 물어보고, 이의 답을 특집으로 다룬 바가 있다.

이 특집의 내용을 일별해 보면, 각 시인들에 의하여 각양각색의 견해가 나오고 있음을 볼 수가 있다. 그러나 이 각양각색의 견해가 궁극적으로는 어느 면에서는 서로 일맥상통하는 공통점을 지니고 있음도 또한 발견할 수가 있다.

예를 들어서, 어느 시인은 '시란 감동을 시킬 수 있는 것에서부터 온다.'고 답했는가 하면, 어느 시인은 '보이지 않는 곳에서 오래 견딘 뿌리, 삶의 극점에서 단 한 번 피우는 꽃.'이라고 대답하기도 했다. 그런가 하면, 어느 시인은 '삶과 현실을 직선이라 하고 꿈과 환상을 원이라 한다면, 이 원과 직선이 만나는 접점에서 시가 태어난다.' 라고, 삶과 꿈, 현실과 환상의 접점이 바로 시가 나오는 자리라고 말하기도 한다.

이러한 시에 대한 견해에서 한 걸음 더 나아가, '가슴에 뭔가 이리도 넘쳐서 어찌할 도리 없을 때 ―실컷 울고 싶을 때 그러한 처지에 놓였을 때 그것, 시라는 물건을 몇 줄 적어본답니다요.' 라고 토로하기도 하였고, 어느 시인은 '고양감(高揚感)의 실체를 깨달음이라고 정의하고 싶다.' 라고 토로하기도 하였다.

그런가 하면, '사람들의 마음을 움직일 수 있는 암호의 압축, 축약된 문맥과 색깔, 상상력과 율동, 그 어법 속에 살아 있는 시의 혼을 담아내는 일, 사람의 마음을 움직이는 일이 시인의 몫이다.' 라고 하기도 하였고, '나'라고 생각해본 적 없는 '나'는 출몰한다. 그러므로 낯선 것(새로운 것)을 시로 쓰는 것이 아니라, 시를 쓰면서 우리는 낯설어지고 새로워진다. '영원히 시는 충분히 알려지지 않으리라.' 라고 말하기도 하였다.

또한 이러한 여러 견해들과 일맥상통하면서 '시는 그리움의 소산이다.', '시는 꿈과 고통을 동시에 안겨주는 내 삶 그 자체다.', '시는 허기진 사람에게만 약동한다.', '몸 혹은 정신에서 괴어오르는 힘성을 내 언어로 오래 묵혀 발효시킨 한 잔 술이다. 내 뼈 안에서 울리는 내재율이다. 혹은 모든 사물과의 부딪침 충동, 그리고 우주와의 화해.' 라고 시를 꿈과 고통, 나아가 오랫동안 몸과 마음에 괴어오던 것의 발효, 나아가 우주와의 화해라고까지 이야기를 하고 있다.

이와 같은 많은 시인들이 지닌 시에 대한 견해를 요약해보면, 궁극적으로 시란 꿈과 고통, 나아가 아픔 등으로 집약될 수 있는 삶의 과정에서 얻게 되는 깨달음이며, 이 깨달음의 언어적 소산이 바로 시라는 데에 어느 정도 귀일하고 있음을 발견할 수가 있다.

즉 시는 우리의 삶 속에서 시인 스스로 터득하게 되는 어떠한 깨달음이며, 이 깨달음을 섬세한 언어로 직조해 나가는 언어예술이라고 말할 수 있을 것이다. 이정현 시인의 시를 읽으면서 가장 먼저 떠오른 것도 다름 아닌 이와 같은 시에의 문제들이었다.

특히 이정현 시인의 이력에서 말하고 있는 바와 같이, 대학원에서 선학(禪學)을 공부했고, 요가와 명상을 오랫동안 지도하고 있는 사람이다. 즉 요가와 명상, 나아가 선(禪)의 세계가 지닌 깨달음, 터득의 세계를 일상의 삶속에서 추구하며 살아가는 사람이기도 하다.

2

시는 어느 의미에서 터득을 통한 명명(命名)이라고 할 수가 있다. 사물이나 사실에 관하여 시인 나름의 터득을 하고, 이 터득을 통해 그 사물이나 사실을 새롭게 명명해 나가는 것이 다름 아닌 시 쓰기라고 생각된다. 그러나 아무리 터득의 순간이 오묘하다고 해도, 그 터득을 명명하는 과정이 충분하지 못한다면, 이는 시로서 생명력을 잃게 된다.

이 명명하는 작업, 이가 다름 아닌 언어로 직조해 나가는 일이라고 하겠다. 즉 터득의 오묘함을 시어로 표출시키는 작업이 바로 명명을 하는 과정이 되는 것이다. 따라서 내밀한 언어로 직조해 내지 못한다면, 이는 결국 훌륭한 시가 되지를 못한다.

터득의 순간이란 어느 의미에서 오묘한 것이기 때문에 더욱 우리 일상의 언어로는 표출하기가 쉽지가 않다. 따라서 일상의 차원을 뛰어넘는 언어의 시적 속성을 충분히 살려 이 터득의 순간을 포착하고 또 언어로 표출해 나아가야 함이 바로 시인의 사명이기도 하다.

이정현 시인의 시들은 작은 발견, 곧 사물이나 사실에 대한 나름의 터득을 통하여 시적 영감을 얻어내고, 이 시적 영감을 언어로 잘 표출해내고 있다. 즉 언어 미학으로서 성공을 얻은 작품들이 이번 시집의 전반을 이루고 있음을 볼 수가 있다.

아침볕 돋기 전

풀잎에 물의 집을 짓는다

일 그램도 안 될 천 냥의 무게

풀잎 위에 파닥이는 햇살에 놀라

아무 말도 못하고 서둘러 떠나간

이슬의 그림자.

—「이슬 그림자」 전문

'이슬의 그림자' 라는 그 제목에서 시사(示唆)하는 바와 같이 시인의 눈은 매우 밝다. 아침 풀잎에 맺힌 이슬에서 그 그림자를 발견하는 시인의 눈은 예사 눈이 아니다. 시인만이 지닌 밝은 눈이라고 할 수가 있다.

해가 뜨기 전 풀잎에는 이슬방울들이 맺힌다. 이 맺히는 이슬방울을 시인은 '물의 집'이라고 명명하고 있다. 그 물의 집을 '일 그램도 안 될 천 냥의 무게'라고 또 노래하고 있다. 그 무게로 따지면 일 그램도 안 되지만, 아침이슬이 지니고 있는 그 청초함의 극치를 이루는 청순함은 그 가치로 따진다면, '천 냥' 아니 그 이상이 될 것이다. 그래서 '천 냥의 무게'라고 노래한 것이리라. 섬세한 시인의 눈과 시어가 만나 사물에의 새로운 발견, 새로운 터득을 잘 드러내주는 시이다.

이러한 섬세함은 이정현 시인의 다른 시에서도 많이 발견되고 있다. 가령 다음과 같은 시가 바로 이러함이다.

지상에 한 소절씩 쌓이는

시어들의 꽃잎

바람의 악보

숨겨둔 악기들이 하나씩 펼치는 소나타.

—「첫눈 소나타」 전문

단 네 행뿐인 이 시는 마치 한 폭의 그림, 아니 한 소절의 아름다운 음악을 듣는 듯하다. 첫눈 내리는 날, 머나먼 천공(天空)에서부터 내리는 그 눈송이들이 한 소절씩 쌓이는 시어의 꽃잎이었다가, 이내 바람의 악보가 되었다가, 마침내는 숨겨둔 악기들이 하나씩 펼치는 소나타로 변주한다는 시전 전개는, 첫눈의 그 유쾌함과 함께 첫눈이 지닌 속성들을 시적으로 승화시키는 데에 충분한 표현들이 아닐 수 없다.

한 소절씩 쌓이는 꽃잎에서 바람의 악보로, 다시 숨겨둔 악기들이 하나씩 펼치는 소나타로의 변용은 다만 꽃잎에서 악보로, 다시 악기라는 즉물적이고 또 평면적인 변용이 아니라, 내적인 변주를 통한 변용이기 때문에 읽는 이로 하여금 그 매력에 더욱 깊이 빠져들게 만들고 있다.

꽃잎에서 음악을 담은 악보로, 다시 악보에서 실질적인 음악이 연주되는 소나타로의 변주는 읽는 이로 하여금 첫눈을 단순히 내리는 외양적인 아름다움뿐만이 아니라, 그 내리는 첫눈 속에서 맞이하게 되는 황홀함의 경지로 이끄는, 그러한 장치로써 이 시의 내면에서 작용을 하고 있음을 볼 수가 있다.

영혼이 담긴 숨결

장미나무 파이프에서 떠오르는 연기

그 먼 시인의 전설처럼

고독하지 않게

삐딱하게

꾹

가을은 모자를 눌러 쓴다.

—「시인의 모자」 전문

시인을 계절로 말한다면 어느 계절에 속할까. 아마도 '가을'이라는 계절이 시인과 가장 잘 어울리는 계절이리라. 막 새로운 힘으로 새싹들이 돋아나는 봄보다는, 무성하게 녹음이 펼쳐지는 여름보다는, 눈이 내리고 바람이 부는 엄동의 겨울보다는, 이제 막 낙엽이 지고, 그래서 바바리라도 걸치고 모자를 눌러 쓰고 스잔한 바람 속을 걸어가 듯, 소요(逍遙)하는 가을이 시인에게 어울리는 계절이리라.

그러나 이러한 가을을 걷는 시인에게서 빼놓을 수 없는 것은 '영혼'이리라. 맑고 순수한 영혼이 없다면 어찌 시인이라 일컬을 수가 있겠는가. 그래서 시인의 그 숨결 또한 영혼을 담은 숨결이 된다. 고결한 영혼을 담은 숨결과 함께 먼 전설처럼 시인은 장미나무파이프를 물고는, 그러나 고독하지 않게 삐딱하게, 꾹 모자를 눌러 쓴 가을. 이가 시인의 모습이리라. 아니 가장 이상적인 시인의 모습이리라.

몇 개의 낱말과 짧은 문장을 늘어놓듯이 배열해 놓는 방식을 통하여, 이렇듯 시인을, 이상적인 시인의 모습을 그려내는 데에서, 이정현 시인이 지닌 시적 능력을 발견하게 된다. 즉 언어를 다루는 탁월한 능력을 발견하게 된다.

이러한 모습은 다음의 시에서도 발견된다. 아주 하찮은 것에서의 발견을 통해, 그 하찮다고 여겨지는 것들이 지닌 진정한 의미가 무엇인가를 노래하는 모습에서, 시인의 그 능력 또한 확인할 수가 있다.

가벼운 것들은 다 쓸쓸해요

가령 칼끝에 놓인 웃음이라든지
그 웃음 위에 떨리는
먼지의 귀가 그래요

허공에 떠 있는 것들은
눈물조차 가벼워요

가슴까지 닿아도 짜지 않은
먼지이 입이 그래요

가벼움을 잘게 베어 물다
더 이상 쪼개질 수 없음을 알고
아~
티끌에 묻힐 것이 무어예요

이제
떨림조차 살 만해져
환한 웃음으로 나에게 불을 지펴요

가벼움을 저민
저 허공 끝, 먼지
먼지의 귀.

—「먼지의 귀」 전문

과연 먼지에게도 '귀'가 있을까. 귀가 있다면, 과연 먼지는 그 귀를 통해 무엇을 듣고 있는가. 또한 먼지에게도 '입'이 있을까. 그러면 그 입은 무슨 말을 하는 것인가. 이렇듯 재미있는 착상 속에 이 시는 자리하고 있다.

먼지로 대변될 수 있는 '가벼운 것들은 다 쓸쓸하다.'는 시적 진술이 이 시가 지향하는 세계를 단적으로 보여주고 있다. 작고 하찮고, 그래서 더 이상 쪼갤 수 없는 것들이 지닌 쓸쓸함 등은 어느 의미에서 우리들의 또 다른 모습인지도 모른다. 그래서 우리는 가벼움을 저민 허공의 그 끝에 자리하며 먼지의 귀 마냥, 먼지의 입 마냥, 작은 것에도 환한 듣고 또 환하게 웃음을 지피며 살아가고 있는 것인지도 모른다.

3

이징현 시인의 시에서 반날 수 있는 것은 깨달음의 세계를 통한 시적 변용들이다. 시란 앞에서 이야기한 바와 같이 어떠한 터득을 바탕으로 그 터득 위에 새로운 이름을 부여하는 것이지만, 특히 이정현 시인의 시에서는 이러함이 매우 강하게 나타나고 있다.

다음의 시들은 이러한 모습의 시들이 된다.

얼음장처럼 두터운 카르마

묵언 수행자 그림자를 따르는 행자처럼
침묵하는 혀, 물끄러미 올려다본다

하루는 한숨
또 하루는 인연의 거미줄

성글다 나무랄 수만은 없어
돈오돈수의 길 찾는다

이 뭣고!

나의 부처에게
열두 가지 바람 내려놓기까지

심장에 1캐럿쯤의 불덩이 살았을 거다

이제
침묵이 주는 즐거움 알았지만
그래도 내가 소낙비를 좋아하는 이유
부처는 다 아실 얘기지.

—「이 뭣고」 전문

우리는 어쩌면 저 카르마, 업(業)에 의하여 '하루는 한숨/ 또 하루는 인연의 거미줄' 사이를 오가며 살아가고 있는지도 모른다. 그래서 나의 부처님에게 내가 지닌 열두 가지의 그 많고 많은 바람을 모두 내려놓기 전까지는, 우리는 심장 한 가운데 1캐럿쯤의 뜨거운 불덩이를 지니고, 그렇게 살아가고 있는 것일게다.

부처님은 모든 것을 알고 계시겠지만, 그래도 우리가 살아가며 만나게 되는 '하루는 한숨', '또 하루는 인연의 거미줄'의 생애를, 어쩌지 못하는 그 생애를 사랑하지 않을 수 없는 것이 우리의 모습이기도 하다. 그래서 우리의 생이 다하여 맞게 되는 죽음까지도 우리의 감미로운 삶의 연장이기를 '죽음 카페'에 앉아서 시인은 노래하고 있다.

신이 허락한다면
S는 어느 계절에서 떠나고 싶나요?
가을날 햇살 따스한 정오가 좋겠어요

그럼, B는요?
혼자 봄 길을 걷다 노을이 질 때 따라가고 싶어요

K, 당신이 상상하는 사후는요?
텅 빈 하늘정원이라 생각해요
침묵으로 영원히 잠든 종달새처럼 말이죠

신이 허락한다면
몇 살까지 살고 싶나요?
신이 보고 싶을 때까지요

화요일, 이곳을 찾은 사람들 모두다
사라지는 시간
죽음 카페에서 온종일 죽음을 마시다가
죽음을 죽인다.

—「죽음 카페」 전문

죽음 카페에서 온종일 죽음을 마시다가 죽음을 죽이는 화요일 오후, 죽음을 상상한다. 신이 보고 싶을 때까지 그렇게 살다가는 가을날 햇살 따스한 정오, 혼자 봄 길을 걷다 노을이 질 때, 텅 빈 하늘정원으로, 침묵으로 영원히 잠든 종달새처럼 가고 싶다는 그 죽음.

그렇다. 죽음이 과연 어떠한 것인지 우리 중생은 모른다. 그러나 죽음이 언젠가는 우리를 찾아오리라는 것은 분명한 일이다.

어쩌면 우리는 그 날까지 죽음을 마시다가 때로는 죽음을 죽이며, 이러한 죽음의 상상을 하며 그렇게 하루하루를 살아가고 있는지도 모른다.

그래서 어쩌면 우리의 이 삶속에서 우리 스스로 고래가 되어, 그 누군가의 고래가 되어 '그대의 숨구멍으로 푸른 꿈 분출하는/ 그대의 고래'가 되어, '용트림하는/ 우리들의 바다'에서 검푸른 물살을 일으키며 살아가고 싶은 것인지도 모른다.

누군가에게 나는 고래이고 싶다

그대의 숨구멍으로 푸른 꿈 분출하는
그대의 고래이고 싶다

서로의 등을
보듬어주는 우리

들리지 않니
새벽 산주름 이끌고

검푸른 바다으로
물살 일으키는 소리

귀 기울여 봐
용트림하는

우리들의 바다
나는 누군가에게 고래이고 싶다.
—「나는 고래가 되고 싶다」 전문

'그대의 숨구멍으로 푸른 꿈 분출하는', 그래서 '서로의 등을/보듬어주는 우리'가 되어, 비록 업보에 의한 삶이지만 이 생을 잘 살아가고 싶은 것이다.

그래서 시인은 '형용사를 가진 여자'가 되고 싶기도 하다고 토로하고 있다. 사과의 오른쪽 뺨으로 걸어오는 아침의 그 사과향 마냥 향기로운 햇살을 맞으며, 헤스페르데스의 향이 번지는 정원에서 싱싱하게 옮겨온 황금빛 사과가 놓여진 식탁 위의, 그러한 싱그러운 형용사를 지닌 여자가 되어 살고 싶은 것이다.

7시 15분,
햇살에 빛나는 사과의 오른쪽 뺨으로 아침이 걸어온다

헤스페르데스가 정원에서 싱싱하게 옮겨온 황금빛 사과가
원형의 식탁 위에서 옷을 벗는다

커튼을 젖히고 창문을 연다
바람이 들어와 빈 접시에 앉는다

눈빛 촉촉한 하얀 속살이 미끄러지듯
바람 위에 눕는다

블랙커피와 재기발랄한 포도송이의 눈인사
아침을
한 입 베어 문다

입속에서 그녀는 형용사가 되어 말캉거리고
가슴을 밀어 올리듯 시선을 끈다

풋풋함을 끌어당긴
이 아침의 처녀향
그 여자를 삼킨다.

—「형용사를 가진 여자」 전문

그러나 삶이란 어쩌면, 속절없이 천년을 살아야 하는, 마고(麻姑)의 힘에 이끌려 까만 육지까지 기어 나온 거북이 마냥, 어쩌지 못하는 무거운 등짐을 짊어지고 살아가는 것인지도 모른다.

그래서 무거운 등에 매달린 하루를 천 년 마냥 힘겹게 숨을 몰아쉬며 몸을 돌리다, 그만 뒤집히고 만, 그래서 '물구나무 설 수도 없고/ 혼자서 발버둥 쳐야만 하는' 버리고 싶은 생애를 살아가는 것이 어쩌면 우리네 중생들인지도 모른다. 실은 버리고 싶었던 등이 우리의 어쩔 수 없는 중심, 그 업보의 중심이었는지도 모른다.

마고(麻姑)의 힘에 이끌려

까만 육지로 기어 나왔다

무거운 등에 매달린
하루를 천년의 숨으로
밀어내던 어느 날

사천 비토섬을 향해
몸을 돌리다 그만 뒤집히고 말았다

물구나무설 수도 없고
혼자서 발버둥쳐야 한다

버리고 싶었던
등이
그의 중심이었다.

—「마고 거북이」 전문

작품 안에 나오는 사천은 경상남도의 사천이다. 이곳에 있는 비토섬에는 월등도, 토끼섬, 거북섬, 목섬이 있고, 이러한 섬들과 함께 토끼와 거북이 용왕이 등장하는 별주부전의 전설이 서려 있는 곳이기도 하다.

거북섬이 비토섬을 향해 몸을 돌리다 그만 뒤집어져 버린, 그래서 물구나무를 설 수도 없고, 혼자서 발버둥을 쳐야만 하는 형상으로 바다에 떠 있는 거북섬. 이러한 섬의 모양을 바라보다가 문득 시인은 이 섬의 형국과도 같이 결국 우리들 모두 어쩌지 못하고, 발버둥이나 치며 살아가야 하는 것이 숙명이라는 것을 발견하게 된다.

마고할미에게 어쩔 수 없이 끌려나와 살아가는 거북이 마냥, 우리도 그렇게 버둥거리며 살아가고 있는 것이리라. 이러한 모습이 결국 우리들 중생의 모습 아니겠는가. 이러한 실체에 대한 깨달음이 다만 이정현 시인의 시를 감각적 서정의 세계만에 머물지 않고, 사유의 깊은 면을 드러내는 시로 자리하게 하는 그 모습이 되기도 하다.

4

이정현 시인의 작품들의 가장 기조를 이루는 것은 불교적 사유가 아닌가 생각된다. 현생과 전생과 내생이 모두 함께 뒤섞이듯 전개되는 시상에서 이러함을 발견할 수가 있다. 그래서 그 삶이 때로는 버겁기도 하지만, 그 삶이 싱그러운 삶이기를 간절히 염원하기도 한다. 그러나 어쩔 수 없는 업보에 의하여 중심의 등을 버리지 못하고 버둥거리며 살아감이 이승에서의 삶임을 시인은 극명하게 보여주고 있다.

그러나 이정현 시인의 시에서 더욱 중요한 것은 이러한 불교적 사유를 바탕으로 하는 삶에의 인식, 터득이 전혀 낯설지 않은 시적 전개와 진술을 얻고 있다는 점이다. 가령 '침묵 새겨 넣듯 가부좌 틀고/ 눈 속의 눈 깊어질 때/ 은사시나무 햇살 짚고 일어서/ 노래 바람으로 춤을 춰봐' 「춤 명상」 등과 같이 서로 다른 언어와 언어가 부딪치며 일으키는 명징한 이미지는 시적 진술을 매우 선명하게 해주고 있다.

또한 '내 영혼/ 벌거벗고/ 두 팔 휘적거리다// 먼지 되어/ 어둠을 끌어안고/ 빛으로 춤춥니다.// 우주 속으로 걸어와/ 태양의 숨결 앞에/ 내민 입술// 긴 여운/ 화살처럼 사라진/ 첫사랑보다 뜨겁습니다.' 「살별」 등에서 보여주는 자유로운 상상의 나래는 시적 폭을 매우 넓게 만들고 있음을 볼 수가 있다. '영혼과 먼지와 빛, 그리고 우주와 태양과 입술, 그리고 화살, 여운, 첫사랑'이라는 다양한 시어들이 종횡무진(縱橫無盡) 하듯이 짧은 시속에 자리하며 펼치는 이미지는 그 선명함을 뛰어넘어 화려하기까지 하다.

이와 같이 선명하고 또 화려하리만치 찬연한 시적 이미지를 얻는 데에 성공하고 있는 것은 다름 아닌 이정현 시인의 타고난 감수성과 함께 단련된 사유의 깊이, 그리고 이를 시로 잘 이끌어내는 시어에 대한 감각에 의한 것이라고 하겠다.

이정현 시인은 자신의 삶에서 얻게 되는 터득의 그 순간을 자신의 내밀한 언어로 직조시키는 데에 성공을 하고 있는 시인이다. 또한 시적 진술에 있어서도 매우 간결하며, 그 진술에 대체적으로 군더더기가 없는 것이 한 특징이 되기도 한다. 그러나 시적 진술이 간결한 반면에 시적 깊이나 그 폭이 매우 넓은 것 또한 한 그 특징이 되고 있다.

이정현 시집_ 홀명상

초판 인쇄 | 2019년 7월 10일
초판 발행 | 2019년 7월 15일

—

지 은 이 | 이정현
발 행 인 | 이광복
편집국장 | 김밝은

—

펴낸곳 | 사단법인 한국문인협회 THE KOREAN WRITERS' ASSOCIATION 月刊文學 출판부
주소 | 서울시 양천구 목동서로 225 대한민국예술인센터 1017호
전화 | 02-744-8046~7
팩스 | 02-743-5174
이메일 | klwa95@hanmail.net
등록 | 2011년 3월 11일 제2011-000081호
ISBN 978-89-6138-414-8 03810

—

값 10,000원

—